¡Encuentra las diferencias!

Frutos

Charlotte Guillain

Heinemann Library
Chicago, Illinois

Customer Service 888-454-2279
Visit our website at www.heinemannraintree.com

Designed by Joanna Hinton-Malivoire
Photo research by Erica Martin and Hannah Taylor
Printed in the United States of America in North Mankato, Minnesota.   122014   008625RP
Translation into Spanish by DoubleO Publishing Services

16 15 14
10 9 8 7 6 5 4

ISBN-10: 1-4329-1733-1 (hc) -- ISBN-10: 1-4329-1740-4 (pb)
ISBN-13: 978-1-4329-1733-3 (hc) -- ISBN-13: 978-1-4329-1740-1 (pb)

Library of Congress Cataloging-in-Publication Data

Guillain, Charlotte.
  [Fruits. Spanish]
  Frutos / Charlotte Guillain.
     p. cm. -- (Encuentra las diferencias)
  Includes index.
  ISBN 978-1-4329-1733-3 (hardcover) -- ISBN 978-1-4329-1740-1 (pbk.)
  1. Fruit--Juvenile literature. I. Title. II. Series: Spot the difference. Spanish.
  QK660.G8518 2008
  581.4'64--dc22
                          2008015235

Acknowledgements
The publishers would like to thank the following for permission to reproduce photographs: ©FLPA pp.**17**, **18** (Jurgen & Christine Sohns), **8** (Bjorn Ullhagen), **9** (Gary K Smith), **15**, **23 bottom** (Holt/Primrose Peacock), **6**, **14** (Nigel Cattlin), **19**, **23 middle** (Parameswaran Pillai Karunakaran); ©istockphoto.com pp.**4 bottom right** (Stan Rohrer), **4 top left** (CHEN PING-HUNG), **4 top right** (John Pitcher), **4 bottom left** (Vladimir Ivanov), **16 inset** (Yong Hian Lim); ©Nature Picture Library pp.**5** (De Meester / ARCO), **13** (Gary K. Smith), **7** (Mark Payne-Gill), **21** (Tony Evans); ©Photolibrary pp.**11**, **22 left** (Foodpix), **10** (Botanica), **20**, **23 top** (Images.Com), **16** (Michele Lamontagne), **12**, **22 right** (Pacific Stock).

Cover photograph of lemons reproduced with permission of ©Photolibrary (Guy Moberly). Back cover photograph of a pineapple reproduced with permission of ©Photolibrary (Pacific Stock).

Contenido

¿Qué son las plantas?

Las plantas son seres vivos.

Hay plantas en muchos lugares.

Necesitan aire para crecer.

Necesitan agua para crecer.

Necesitan la luz del sol para crecer.

¿Qué son los frutos?

flor

hoja

tallo

raíces

Las plantas tienen varias partes.

fruto

Muchas plantas tienen frutos.

Frutos diferentes

Este árbol es un manzano.

Su fruto es rojo.

Este árbol es un ciruelo.

Su fruto es de color púrpura.

Este árbol es un mango.

Su fruto es liso.

Este árbol es un lichi.

Su fruto es áspero.

Esta planta es una piña.

Tiene sólo un fruto grande.

Esta planta es una zarzamora.

Tiene muchos frutos pequeños.

Frutos increíbles

Este árbol
es un rambután.
Tiene un fruto velloso.

Éste es un estramonio.

Es un fruto con puntas.

Ésta es una carambola.

Tiene forma de estrella.

Este fruto alargado
es del árbol
kigelia pinnata.

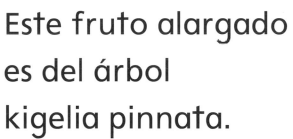

17

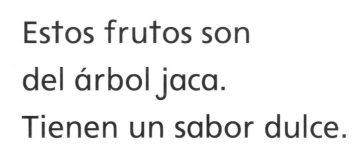

Estos frutos son
del árbol jaca.
Tienen un sabor dulce.

Éstos son maracuyás.

Tienen un sabor agrio.

¿Qué hacen los frutos?

Los frutos tienen semillas.

semilla

Las semillas
se convierten
en nuevas plantas.

21

¡Encuentra las diferencias!

¿Cuántas diferencias encuentras?

Glosario ilustrado

fruto la parte de la planta que guarda semillas en su interior

agrio que tiene sabor ácido

con puntas que tiene púas

Índice

Nota a padres y maestros

Antes de leer

Muestre a los niños distintos frutos (p. ej., manzana, naranja, plátano). Córtelos por la mitad y muestre las semillas. Explique que los frutos protegen la semilla mientras ésta crece. Cuando la semilla está madura, el fruto se desprende de la planta.

Después de leer

- Corte varios frutos en pequeños trozos y coloque cada uno en una caja de plástico. No muestre los frutos a los niños. Elija una de las cajas de plástico y anime a los niños a hacer preguntas acerca del fruto, como: ¿Es rojo? ¿Es liso? Cuando los niños hayan adivinado correctamente de qué fruto se trata, pueden probarlo.
- Diseñe plantillas de algunos frutos (p. ej., manzana, pera, plátano, naranja, ciruela). Pida a los niños que elijan un fruto y tracen el contorno de la plantilla sobre una tarjeta delgada. Deben recortar el fruto y colorearlo del color apropiado. Cuelgue el fruto de un perchero para que hacer un móvil de frutos.